Compré una Plataforma Vibratoria...
...¿y ahora qué hago?

Esther Cárdenas Arias

WANCEULEN
EDITORIAL DEPORTIVA

Título: COMPRÉ UNA PLATAFORMA VIBRATORIA...¿Y AHORA QUÉ HAGO?

Autora: ESTHER CÁRDENAS ARIAS

Editorial: WANCEULEN EDITORIAL DEPORTIVA, S.L.
               C/ Cristo del Desamparo y Abandono, 56   41006 SEVILLA
               Tlf 954656661   y   954921511 - Fax: 954921059
               www.wanceulen.com   infoeditorial@wanceulen.com

ISBN: 978-84-9993-189-0
Dep. Legal:
©Copyright: WANCEULEN EDITORIAL DEPORTIVA, S.L.
Primera Edición: Año 2011
Impreso en España: Publidisa

Dedicatoria

Para Ricardo, mi marido... con él descubrí a la importancia de no dejar que termine el día sin haber sido feliz, sin haber aumentado mis sueños, sin haber crecido un poco como persona...

Sonríe.

Esther.

Agradecimientos

A mis padres, Julio y Pilar y a mi hermana Raquel, por todo el cariño y ayuda que me dieron cuando más lo necesitaba.

A mis hijos, Iñaqui e Iker, porque son la mejor manera de seguir luchando cada día.

A mi Pastor Alemán, Draven, por arrancarme siempre una sonrisa.

A toda la familia de Ricardo, su madre María, Raúl, Belén, Sergio, María Del Mar y la peque, Paula.

A Jannine, por dejarme las instalaciones del Vibrocenter para poder hacer las fotografías que ilustran este libro y a todas mis alumnas del Centro porque con ellas aprendo cada día.

Y a la Editorial Wanceulen por publicar este libro.

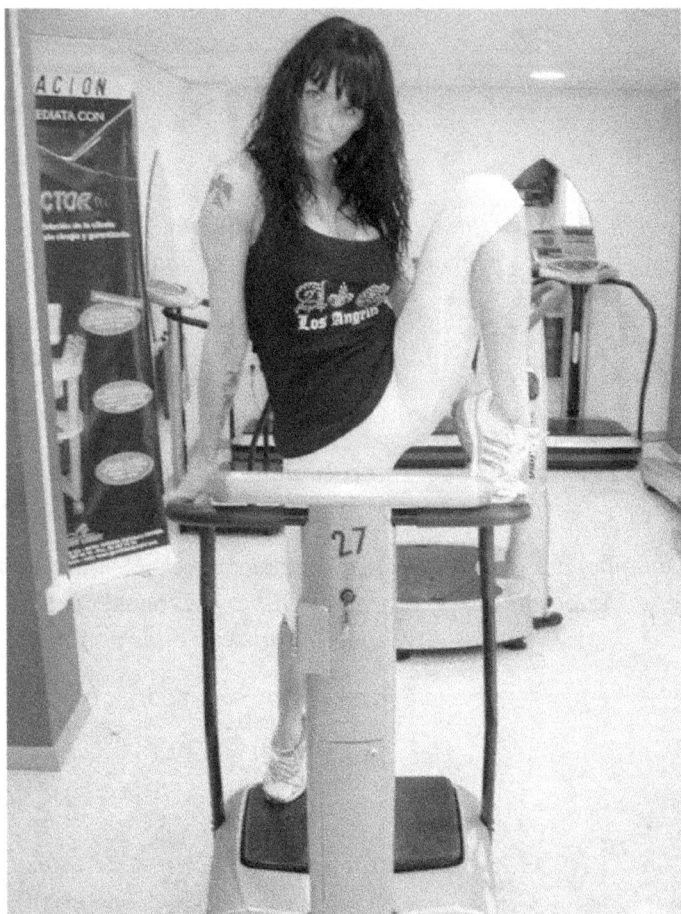

Sobre la Autora.

Esther Cárdenas Arias

Esther nace en Valencia, el 17 de septiembre de 1974.

A los cinco años comienza a practicar Gimnasia Rítmica.

Durante más de cinco años compite hasta que a los dieciséis años deja la Gimnasia Rítmica y decide sacarse la titulación de Monitora de Aeróbic.

Tras retirarse de la competición trabaja durante cuatro años en diferentes colegios enseñando Gimnasia Rítmica como actividad extraescolar, eso lo complementa con clases de Aeróbic, en diferentes gimnasios e instalaciones Municipales.

Al comenzar a trabajar en gimnasios conoce el Kick Boxing, este deporte de contacto, completamente opuesto a lo que había hecho hasta entonces le llama la atención y decide probarlo, entrena Kick Boxing en diferentes gimnasios y es en el año 2003 cuando conoce a Ricardo Díez, en la actualidad su marido, y en marzo de 2009 logra aprobar el examen de cinturón negro 1 grado.

Lleva más de veinte años implicada en el mundo del gimnasio, su trabajo diario le han desarrollado un físico espectacular fruto de su entrenamiento constante.

Ahora, junto a la Editorial Wanceulen publica su primer libro: "Me compre una Plataforma Vibratoria... ¿Y ahora qué hago?", en él muestra ejercicios para que podamos sacarle el máximo provecho a la Plataforma que acabamos de comprarnos para casa.

En la actualidad trabaja en el Gimnasio Vibrocenter de Gandía.

Breve currículo deportivo

- Monitora de Gimnasia Rítmica.
- Monitora de Aeróbic.
- Cinturón Negro 1 grado de Kick Boxing.

Índice

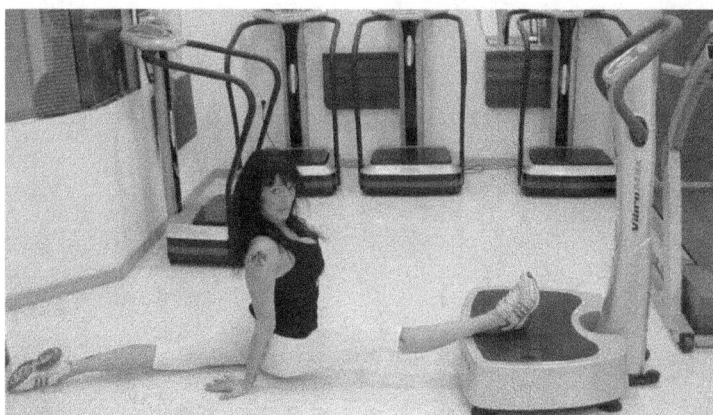

Introducción

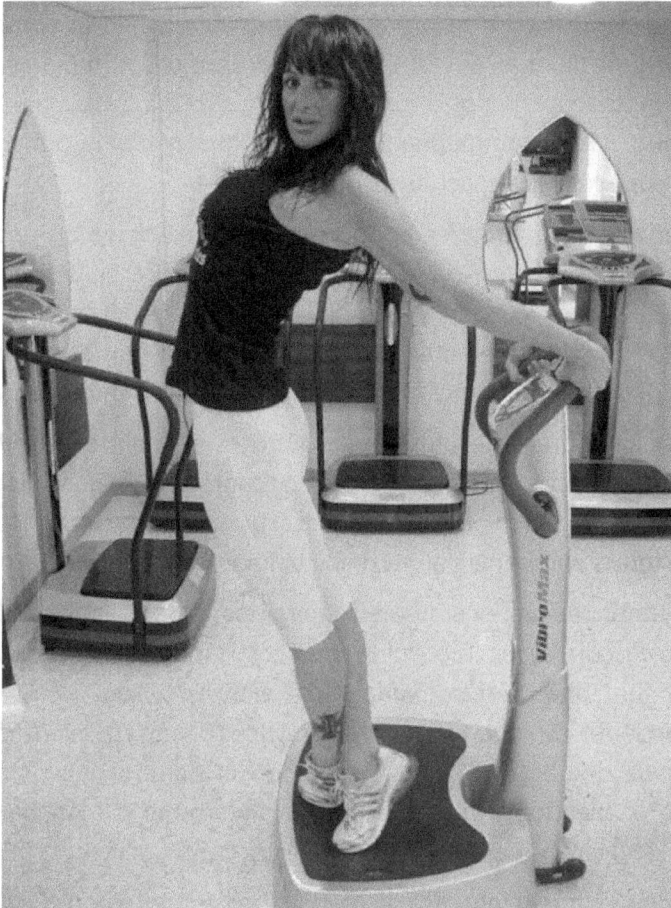

"Compré una Plataforma Vibratoria... ¿Y ahora qué hago?", pretende ser un libro de ayuda para todas aquellas personas que han decidido comprar una Plataforma Vibratoria para poder utilizarla en casa y no saber muy bien cómo hacerlo.

Lo que es evidente que si has invertido tu dinero en una de estas plataformas es porque te preocupa tu forma física, tu salud.

Partiendo de la base de que cada máquina tiene sus particularidades según el fabricante, en este libro encontraréis una recopilación de ejercicios que os ayudarán a sacarle el máximo provecho a vuestra inversión, al fin y al cabo, cuando la comprasteis, estoy segura de que era con el firme propósito de mejorar vuestra salud y la de los vuestros, incorporar a vuestro día a día unos hábitos saludables, nadie compra una Plataforma Vibratoria para poner a secar la ropa cuando el día salió lluvioso.

Con este libro, también conoceréis de forma breve un poco de la historia de cómo nacieron estas maquinas, conoceréis los beneficios que os pueden aportar y también sus contraindicaciones y por supuesto, veréis diferentes ejercicios con diferentes niveles de dificultad, desde muy sencillos hasta algunos mucho más avanzados.

La mejor forma de utilizar este libro es siguiendo las diferentes fichas de ejercicios, en primer lugar encontraremos unas fichas con ejercicios para estirar antes de empezar a utilizar nuestra plataforma, de esta forma evitaremos al máximo cualquier tipo de lesión.

A continuación, encontraréis ejercicios para trabajar diferentes grupos musculares, es importante que cojáis diferentes músculos para trabajar en una sesión, variar los ejercicios según el día del entrenamiento. Si queréis endurecer vuestro entrenamiento, podéis hacerlo de diferentes maneras, subiendo el tiempo de duración del ejercicio, subiendo la intensidad de la plataforma o bien bajando el tiempo de descanso entre ejercicio y ejercicio.

Podéis entrenar en casa siguiendo tres formatos completamente diferentes:

a) Realizar un ejercicio seleccionado hasta completarlo, y pasar luego a hacer un ejercicio nuevo, con un descanso entre ambos.

b) Podéis planificaros un circuito, elegir un número de ejercicios diferentes y realizarlos según un orden preestablecido, una vez los hemos hecho todos, empezamos de nuevo siguiendo el mismo orden.

c) Hacer dos ejercicios seguidos, pasando de una a otro sin descansar, lo que en el entrenamiento con pesas se conoce como una súper serie.

Las últimas fichas del libro sirven para volver a la calma, así que, encontrareis como utilizar la plataforma vibratoria para hacer pequeños masajes en las zonas trabajadas y por supuesto, antes de terminar definitivamente, hacer de nuevo estiramientos.

Historia de las Plataformas Vibratorias.

Las Plataformas Vibratorias fueron desarrolladas por científicos del Programa Espacial de la Unión Soviética con el firme objetivo de mejorar la densidad ósea y la masa muscular de los astronautas en sus viajes prolongados al espacio sin ningún tipo de gravedad. Los astronautas rusos descubrieron que, alejados de los efectos de la gravedad, se desarrollaba significativamente la pérdida de densidad ósea y la pérdida de masa muscular.

Mejoras importantes en los músculos y en los huesos se obtuvieron de forma artificial con el uso de las Plataformas Vibratorias para compensar la pérdida de gravedad. Como consecuencia de este efecto, el veterano astronauta ruso Valery Polyakov, un doctor de medicina, fue capaz de establecer el actual record mundial para el vuelo espacial más largo en el espacio, cuando pasó 438 días a bordo de la estación espacial rusa MIR en órbita alrededor de la Tierra.

Entonces, el equipo olímpico de Rusia descubrió y utilizó la tecnología vibratoria en fase de pruebas, desarrollándola y transformándola después en la denominada como terapia de vibración del cuerpo entero aplicada a sus gimnastas. No fue hasta la caída del Telón de Acero en 1989, cuando la tecnología de las Plataformas Vibratorias se expandió en otros países occidentales.

La NASA adoptó está forma de trabajo para sus astronautas y fue recibida con los brazos abiertos por equipos deportivos profesionales y por profesionales de la salud, médicos y especialistas en entrenamientos deportivos. Desde entonces diferentes investigaciones demuestran que estas máquinas innovadoras producen resultados muy efectivos.

En la actualidad, las máquinas vibratorias han salido de los Centros de Entrenamiento de Astronautas y deportistas de élite y sus beneficios pueden aplicarse a toda la población, desde adolescentes hasta anciano.

Millones de personas gozan ya de esta tecnología de entrenamiento en los salones de sus casas o en sus dormitorios, en este libro os enseñaré como sacarle la máxima rentabilidad a esa Plataforma que os acabáis de comprar.

Beneficios que aportan las Plataformas Vibratorias.

Las Plataformas Vibratorias podemos utilizarlas para lograr diferentes objetivos, a continuación analizaremos las mejoras que podemos conseguir desde tres frentes completamente distintos.

En primer lugar, desde el punto de vista estético o de belleza, en segundo lugar, desde el punto de vista médico o de salud y por último desde el prisma del deporte y el entrenamiento.

Si nos detenemos a analizar los beneficios que nos puede aportar el uso de la Plataforma Vibratoria en aspectos de la belleza, podemos perder peso gracias al aumento del metabolismo basal, podremos reafirmar zonas claves como glúteos, abdomen, pecho, etc., podemos atacar las zonas con celulitis e incrementa la producción de hormonas regenerativas.

En el ámbito de la salud, lo primero que debemos saber es que nos mejorara el riego sanguíneo y con ello detendrá la formación de las varices, nos ayudará a mejorar la postura corporal y reduciremos nuestro stress.

Podemos frenar la artritis, los problemas circulatorios, la movilidad articular, la regeneración de cartílagos y el tratamiento del dolor.

Frenará la hipertrofia muscular, nos ayudará a mejorar el equilibrio estático, dinámico y hormonal, la coordinación motora, así como el corazón.

Acelera la rehabilitación después de lesiones y nos ayudará a prevenir y tratar enfermedades neuromusculares como Parkinson y óseas como la osteoporosis.

En aspectos puramente deportivos, las Plataformas Vibratorias, nos ayudarán a incrementar el rendimiento, la fuerza máxima, sube el nivel de las hormonas del crecimiento, acelera la recuperación entre sesiones de entrenamiento.

Desarrolla la potencia, la agilidad, la coordinación y la elasticidad, mejorará nuestro tono muscular y nuestro sistema cardiovascular.

Contraindicaciones para el uso de plataformas vibratorias.

No puedes subirte a la plataforma vibratoria si presentas estas condiciones:

Postoperatorio (deben pasar al menos dos meses), lesiones musculares y óseas, lumbalgia, jaquecas, prostatitis; problemas relacionados con el sistema visual y, en particular, a nivel de la retina; enfermedades vasculares como varices en fase avanzada y cardiovasculares en general; problemas en las cuerdas vocales, tumores y procesos de metástasis; mujeres embarazadas, hernias graves o epilepsia.

También está contraindicado el uso de las plataformas vibratorias cuando se llevan marcapasos, placas, clavos o estructuras de osteosíntesis en general; anticonceptivos espirales (DIU); se sufre de patologías en el aparato reproductor o se tiene intolerancia psicológica al estímulo vibratorio.

Cómo funcionan las Plataformas Vibratorias.

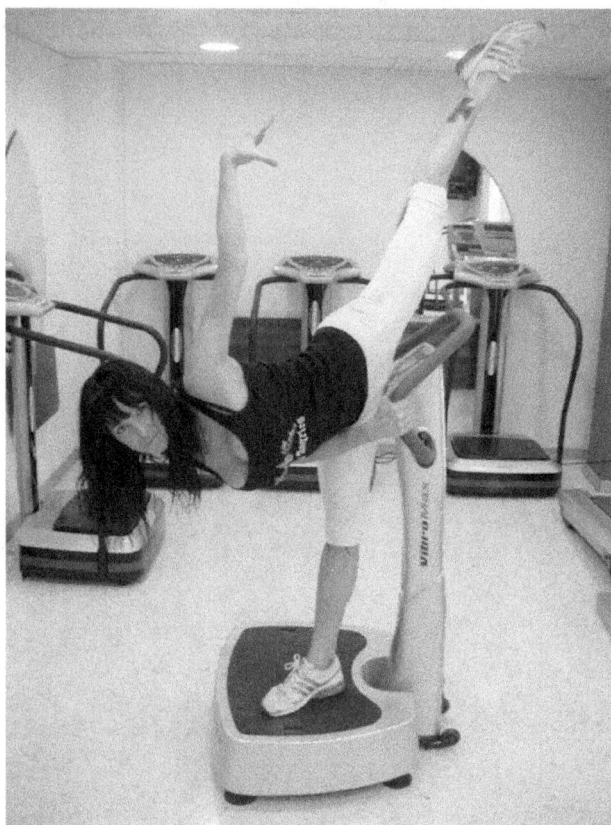

Las Plataformas Vibratorias no se deben confundir con la gimnasia pasiva, ni por supuesto, con los aparatos de electro estimulación ya que los principios y tecnología en los que se basan son completamente diferentes.

La idea básica que llevo a la creación de las Plataformas Vibratorias fue la de reemplazar o servir como complemento la actividad física habitual, reproduciendo las vibraciones beneficiosas que tenemos haciendo ejercicio normal.

Estas vibraciones se transmiten a través del pie, la pierna, la columna vertebral y el cuello con enormes beneficios para todo el sistema esquelético muscular.

El funcionamiento es sencillo, la persona sube a la plataforma y selecciona el programa que desea para entrenar una parte específica del cuerpo.

Los errores más frecuentes a la hora de subirse a la plataforma son quedarse completamente recta y con los pies juntos y tensar mucho el cuerpo, esa tensión repercute de forma contraproducente a la hora de realizar el ejercicio en la máquina, otro error muy frecuente al principio de realizar las sesiones con la Plataforma Vibratoria es no controlar correctamente nuestra respiración, teniendo en muchas ocasiones la sensación de flato y mal estar.

La posición perfecta para utilizar la plataforma es con los pies puestos a la anchura de nuestras caderas y poniéndolos en los bordes de la plataforma que es donde se producen mayores vibraciones, el cuerpo perfectamente alineado y el abdomen metiéndolo para dentro.

Desde el principio se empieza a sentir claramente los efectos de las vibraciones, los músculos se contraen al cien por cien, la frecuencia cardiaca sube y aumenta la circulación sanguínea. Al mismo tiempo, hay otras adaptaciones de larga duración mucho más importantes y profundas; la estructura ósea se refuerza, aumenta la segregación de hormonas, el metabolismo, el consumo de calorías y se estimula el sistema nervioso central y el periférico.

Durante la ejecución sentirás vibrar todo el cuerpo, no tendrás dolor de ningún tipo, es más, experimentarás enseguida una sensación de bienestar.

Las Plataformas Vibratorias tienen la ventaja de que te hacen ahorrar mucho tiempo durante tu actividad física, ya que diversos estudios han demostrado que diez minutos de ejercicios vibratorios equivalen a una hora de ejercicios aeróbicos y anaeróbicos.

Fichas de Ejercicios

EJERCICIO Nº 1	**Gesto Técnico:** Con una mano nos cogemos la cabeza e inclinamos el cuello hacia un lado, mantener durante 10 segundos y cambiar al otro lado. Hacerlo dos veces por cada lado. **Objetivo:** Estirar cuello: **Tiempo:** 10 segundos por cada lado.

EJERCICIO Nº 2	**Gesto Técnico:** Nos apoyamos en el manillar de la máquina, nos cogemos un pie y lo llevamos hacia nuestro glúteo. Hacerlo con ambas piernas. **Objetivo:** Estiramientos para los cuádriceps. **Tiempo:** 10 segundos por cada lado.

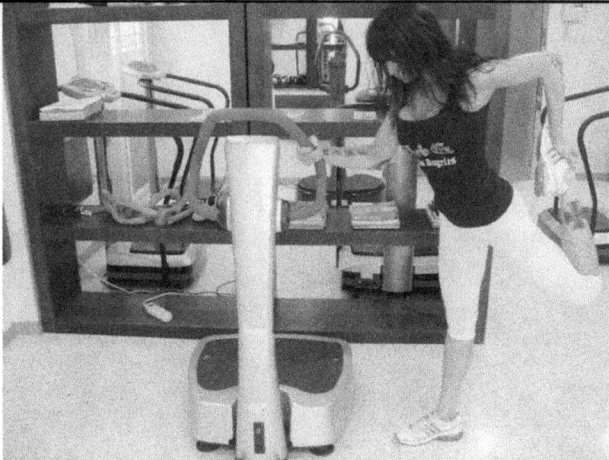

EJERCICIO Nº 3	**Gesto Técnico:** Colocamos una pierna sobre la plataforma, la otra pierna la dejamos estirada, llevamos el peso de nuestro cuerpo hacia la pierna que iremos flexionando poco a poco y que esta sobre la plataforma. Repetir este ejercicio por ambos lados. **Objetivo:** Estiramientos abductores. **Tiempo:** 10 segundos por cada lado.

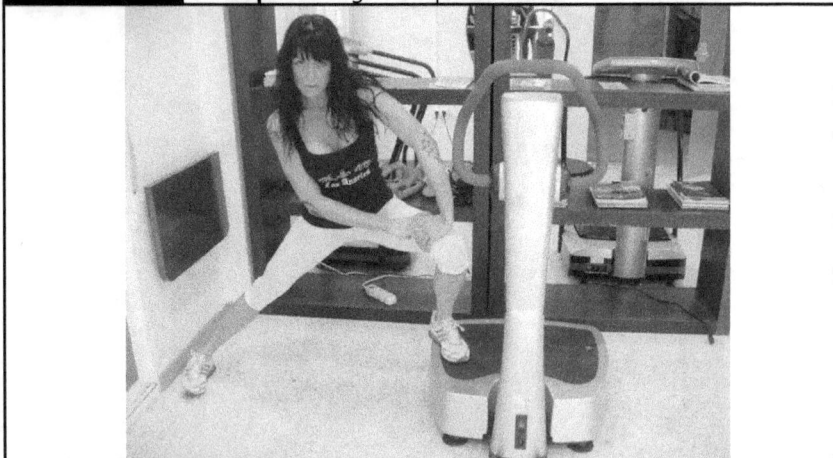

EJERCICIO Nº 4	**Gesto Técnico:** Nos cogemos del manillar de la plataforma e inclinamos el cuerpo hacia él. Repetir este gesto por ambos lados. **Objetivo:** Estiramiento dorsal. **Tiempo:** 10 segundos por cada lado.

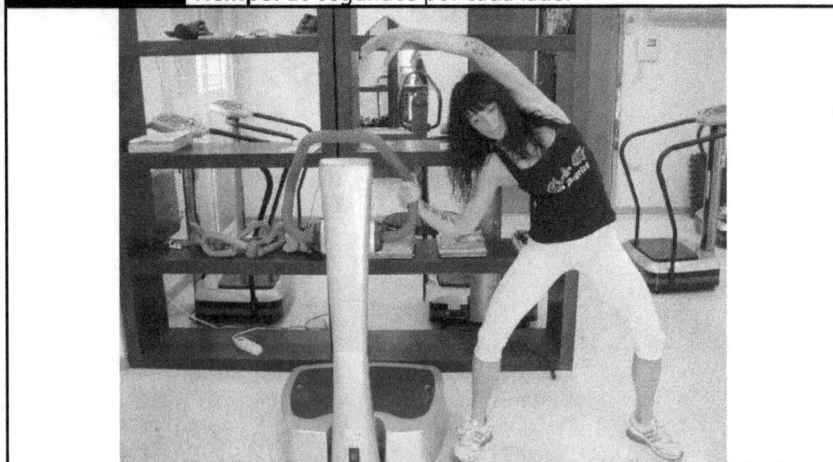

EJERCICIO Nº 5	**Gesto Técnico:** Cogemos con una de nuestras manos el manillar de la máquina, con el otro brazo presionamos a la altura del codo, llevándolo hacia nuestro cuerpo. **Objetivo:** Estiramiento hombros. **Tiempo:** 10 segundos por cada lado.

EJERCICIO Nº 6	**Gesto Técnico:** Subimos a la plataforma, espalda recta, contraer abdomen y elevar talones. Mantener la posición. Intensidad media. **Objetivo:** Cuádriceps, tibias y pantorrillas. **Tiempo:** 30 segundos.

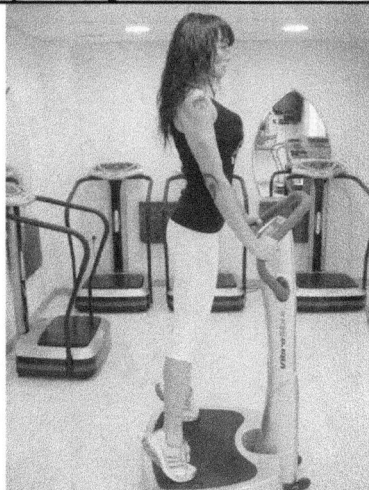

EJERCICIO Nº 7	**Gesto Técnico:** Subirse a la plataforma, abrir piernas a la anchura de los hombros, contraer abdomen. Mantener la posición con intensidad baja/media. **Objetivo:** Cuádriceps, tibia y pantorrilla. **Tiempo:** 30 segundos.

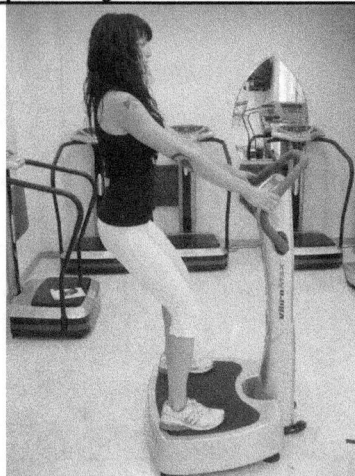

EJERCICIO Nº 8	**Gesto Técnico:** Flexionar piernas, separándolas un poco, hacer presión sobre el empeine. Espalda recta. Mantener la posición. Intensidad baja o alta. **Objetivo:** Cuádriceps, tibias y pantorrillas. **Tiempo:** 60 segundos

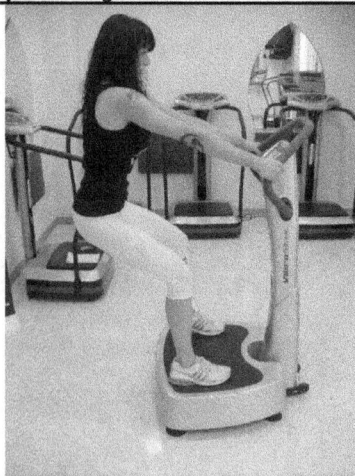

EJERCICIO Nº 9	**Gesto Técnico:** Posicionar como el ejercicio anterior, pero con las piernas más flexionadas, de forma que parezca que nos salgamos de la plataforma. Utilizar el manillar para mantener el equilibrio. Mantener posición. Intensidad baja o alta. **Objetivo:** Cuádriceps, tibia y pantorrilla. **Tiempo:** 60 segundos.

EJERCICIO Nº 10	**Gesto Técnico:** Igual que el ejercicio anterior pero abriendo los pies hacia afuera. Intensidad baja o alta. **Objetivo:** Cuádriceps, interior muslo, tibia y pantorrilla. **Tiempo:** 60 segundos.

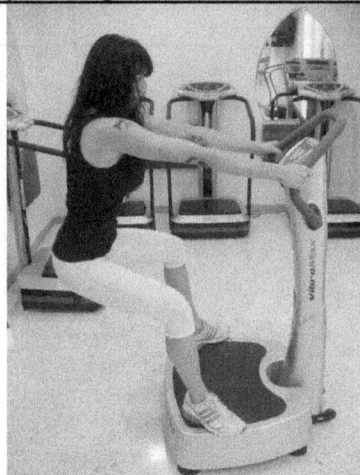

EJERCICIO Nº 11	**Gesto Técnico:** Sentadilla dinámica. Colocar pies sobre la plataforma, piernas separadas a la anchura de la cadera, estirar y flexionar las piernas lentamente y de manera continúa. Intensidad baja o alta. **Objetivo:** Cuádriceps, glúteos, tibia y pantorrilla. **Tiempo:** 60 segundos.

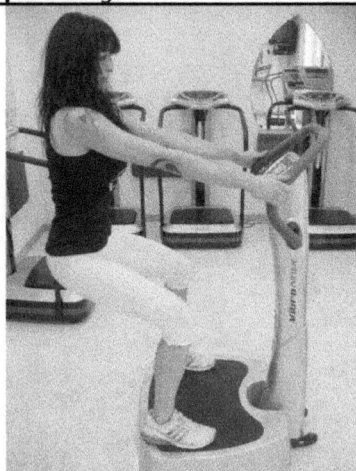

EJERCICIO Nº 12	**Gesto Técnico:** Subir una pierna a la plataforma y dejar todo el peso del cuerpo sobre esa ella, con los brazos en el manillar. Cuerpo recto y trabajar ambas piernas. Intensidad: baja o alta. **Objetivo**: Glúteo, cuádriceps y pantorrilla. **Tiempo:** 60 segundos.

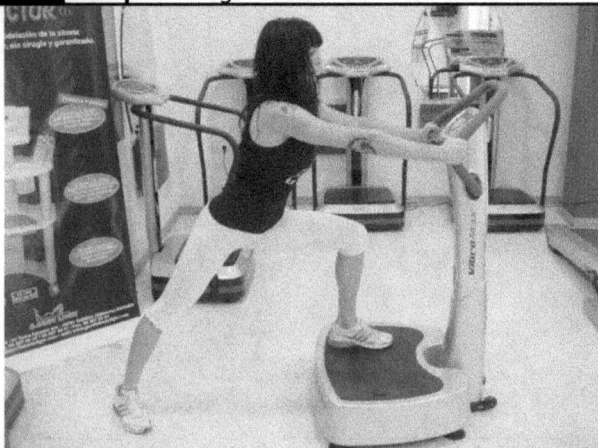

EJERCICIO N° 13	**Gesto Técnico:** Misma posición que el anterior, estiramos la pierna que esta sobre la plataforma y volvemos a flexionarla, hacerlo con ambas piernas y con fluidez. Doblar, estirar. Intensidad media. **Objetivo.** Glúteo, cuádriceps y pantorrilla. **Tiempo:** 60 segundos.

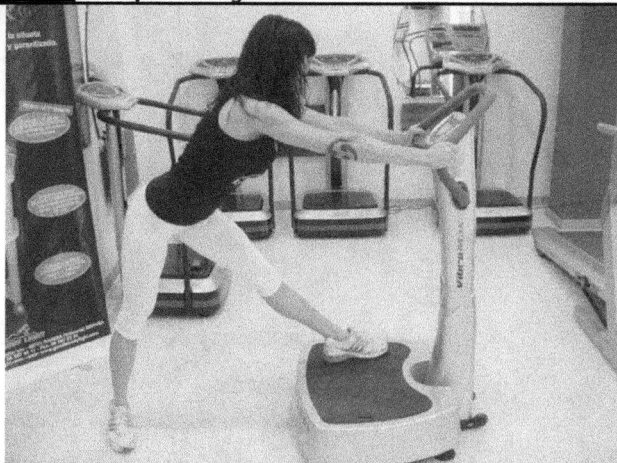

EJERCICIO N° 14	**Gesto Técnico:** Subir una pierna a la plataforma y flexionar la pierna que está en el suelo. Mantener la posición. Intensidad media/alta. **Objetivo:** Glúteo, cuádriceps y femoral. **Tiempo:** 30 segundos. .

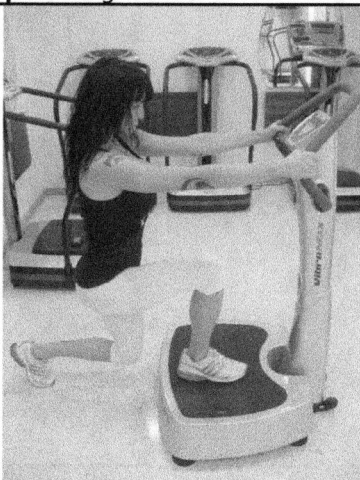

EJERCICIO N° 15	**Gesto Técnico:** Misma posición que el ejercicio anterior, pero ahora la rodilla que está casi en el suelo la elevamos y la volvemos a bajar de forma lenta y continuada. Intensidad baja. **Objetivo:** Glúteo, cuádriceps y femoral. **Tiempo:** 30 segundos.

EJERCICIO N° 16	**Gesto Técnico:** Igual que el ejercicio anterior pero sin cogerse del manillar. Intensidad baja. **Objetivo:** Glúteo, cuádriceps y femoral. **Tiempo:** 30 segundos.

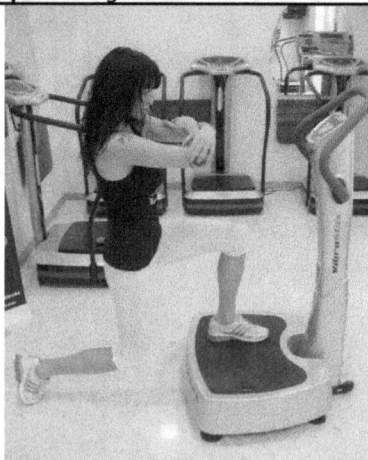

EJERCICIO N° 17	**Gesto Técnico:** Colocar pies en el centro de la plataforma, levantar los talones, mantener rodillas flexionadas, espalda recta. Se aconseja contraer abdomen. Mantener posición. Intensidad baja/media **Objetivo:** Gemelos y pantorrillas **Tiempo:** 60 segundos.

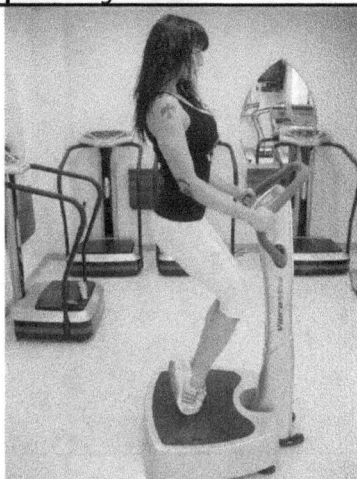

EJERCICIO N° 18	**Gesto Técnico:** Misma posición que el anterior, pero subimos y bajamos talones. Intensidad baja. **Objetivo:** Gemelos y pantorrillas **Tiempo:** 30 segundos.

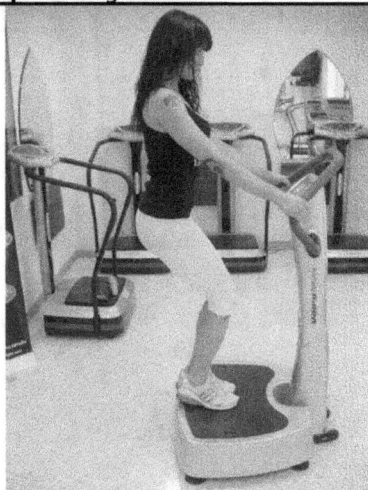

EJERCICIO Nº 19	**Gesto Técnico:** Subir a la plataforma a la pata coja, la pierna de apoyo con talón levantado y la otra pierna flexionada con talón al culo. Intensidad baja. Trabajar ambas piernas. **Objetivo:** Cuádriceps, gemelo y pantorrilla. **Tiempo:** 30 segundos

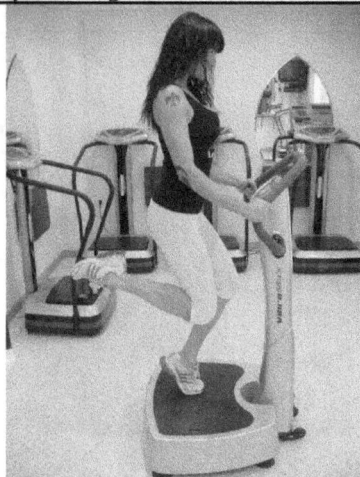

EJERCICIO Nº 20	**Gesto Técnico:** Colocar pies en el centro de la plataforma y separarlos un poco más que la anchura de nuestras caderas, rodillas flexionadas, espalda lo más recta posible y relajada. . Mirando al frente. Mantener posición. Intensidad baja **Objetivos:** Glúteos , cuádriceps y pantorrillas **Tiempo:** 30 segundos.

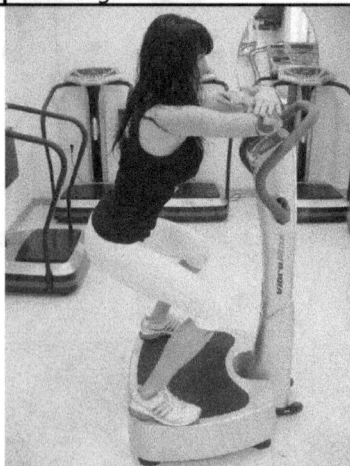

EJERCICIO Nº 21	**Gesto Técnico:** Como la posición anterior, de pie sobre una pierna, flexionar la otra hacia el glúteo. Mantener posición. Intensidad baja. Trabajar ambas piernas **Objetivo:** Glúteos, cuádriceps y pantorrillas.

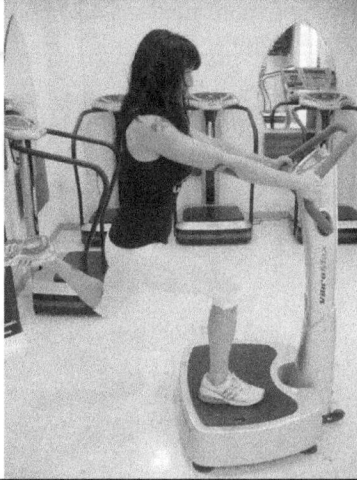

EJERCICIO Nº 22	**Gesto Técnico:** De pie sobre la plataforma pies abiertos anchura de las caderas, brazos estirados por encima de la cabeza y el peso sobre los talones. Relajar espalda, contraer abdomen y glúteo. Mantener posición. Intensidad media **Objetivo:** glúteos. **Tiempo:** 30 segundos.

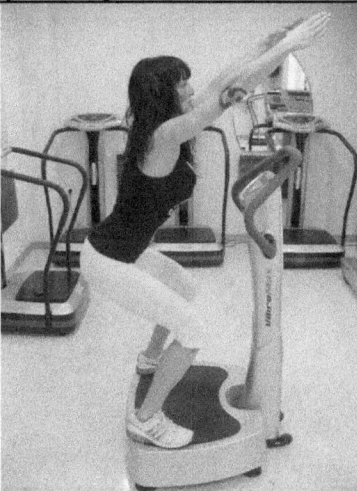

EJERCICIO Nº 23	**Gesto Técnico:** Colocarse frente a la máquina. Flexionar el cuerpo hacia delante hasta apoyar las manos sobre la plataforma, haciendo presión con las manos. Mantener posición. Intensidad baja. **Objetivo:** músculo anterior del hombro. **Tiempo:** 30 segundos.

EJERCICIO Nº 24	**Gesto Técnico:** De espalda a la plataforma apoyar manos, flexionar rodillas y dejar peso sobre las manos. Mantener posición. Intensidad baja **Objetivo:** Desarrollar tríceps. **Tiempo.** 60 segundos.

EJERCICIO Nº 25	**Gesto Técnico:** De espalda a la plataforma apoyar manos, flexionar rodillas y dejar peso sobre las manos. Ahora estiraremos y flexionaremos los brazos de forma continuada y lenta. No llegar a la extensión total de los codos. Intensidad baja. **Objetivo:** Desarrollar tríceps. **Tiempo:** 30 segundos.

EJERCICIO Nº 26	**Gesto Técnico:** De espalda a la plataforma, flexionar rodillas y dejar peso sobre una mano la otra al muslo y flexionar y estirar brazo que se apoya en la plataforma de manera lenta y continua. N sobre extender codo. Intensidad baja. **Objetivo:** Desarrollar tríceps. **Tiempo:** 15 segundos.

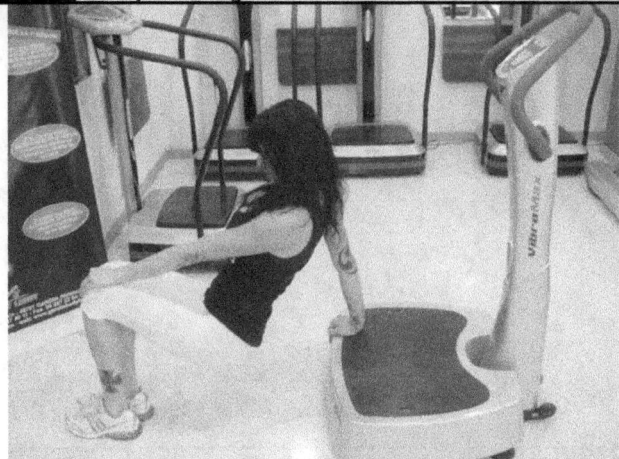

EJERCICIO Nº 27	**Gesto Técnico:** Colocamos las manos sobre la plataforma y presionamos. Mantener posición. Intensidad media/alta. **Objetivo:** Pecho y abdomen. **Tiempo:** 60 segundos.

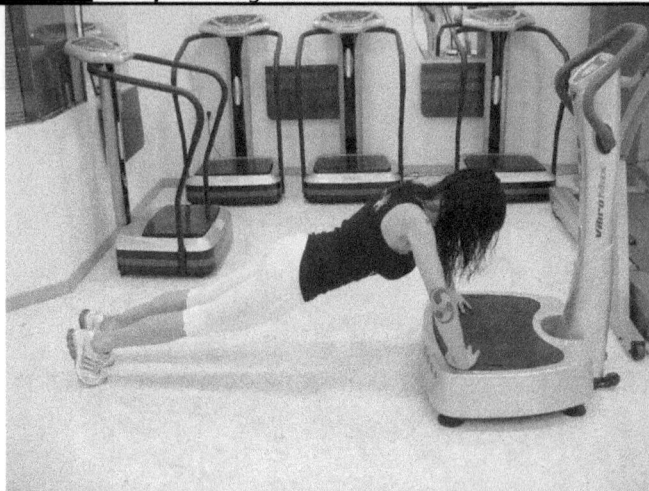

EJERCICIO Nº 28	**Gesto Técnico:** Colocamos las manos sobre la plataforma, Flexionar y estirar brazos de manera lenta y continua. Intensidad media. **Objetivo:** Pecho y abdomen. **Tiempo:** 60 segundos.

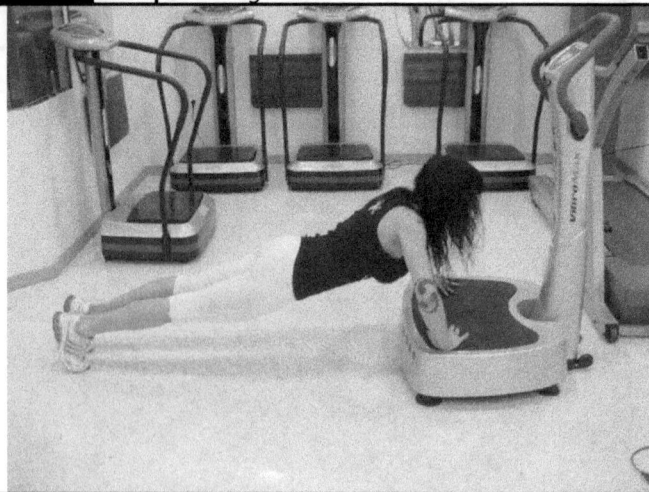

EJERCICIO N° 29	**Gesto Técnico:** Colocamos las manos sobre la plataforma, y un pie sobre el otro. Flexionar y estirar brazos de manera lenta y continua. Intensidad baja. **Objetivo:** Pecho y abdomen. **Tiempo:** 30 segundos.

EJERCICIO N° 30	**Gesto Técnico:** Colocamos una mano sobre la plataforma, Flexionar y estirar el brazo de manera lenta y continua. Intensidad baja. Trabajar ambos brazos. **Objetivo:** Pecho y abdomen. **Tiempo:** 30 segundos.

EJERCICIO Nº 31	**Gesto Técnico:** Apoyar manos en la plataforma, sentarse, separando el culo y estirando brazos. Mantener posición. Intensidad baja. **Objetivo:** Dorsal, hombro y cuadriceps. **Tiempo:** 60 segundos.

EJERCICIO Nº 32	**Gesto Técnico:** En el suelo boca arriba pies ligeramente separados y apoyados en la plataforma con las piernas flexionadas y brazos extendidos en el suelo al lado del cuerpo, elevar la zona pélvica y alinear las piernas con el cuerpo. Mantener la posición. Intensidad media. **Objetivo:** glúteos y femoral. **Tiempo:** 60 segundos.

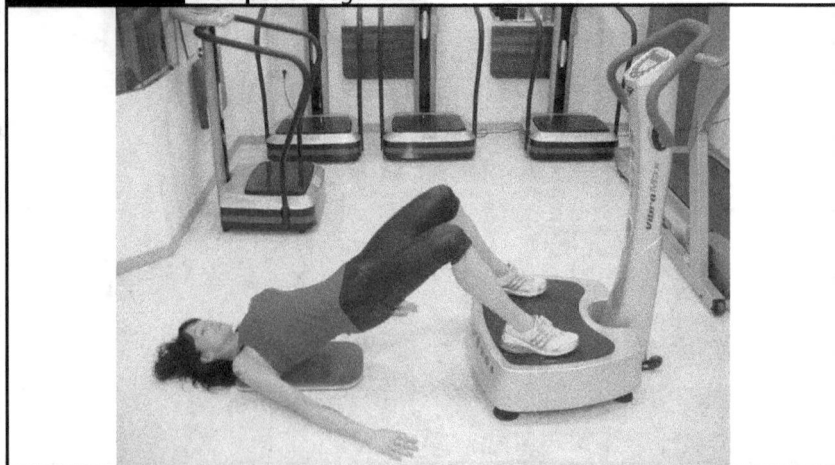

EJERCICIO Nº 33	**Gesto Técnico:** Misma posición que en el ejercicio anterior, pero estirando por completo una pierna. Mantener la posición. Intensidad baja. **Objetivo:** glúteos y femoral. **Tiempo:** 30 segundos.

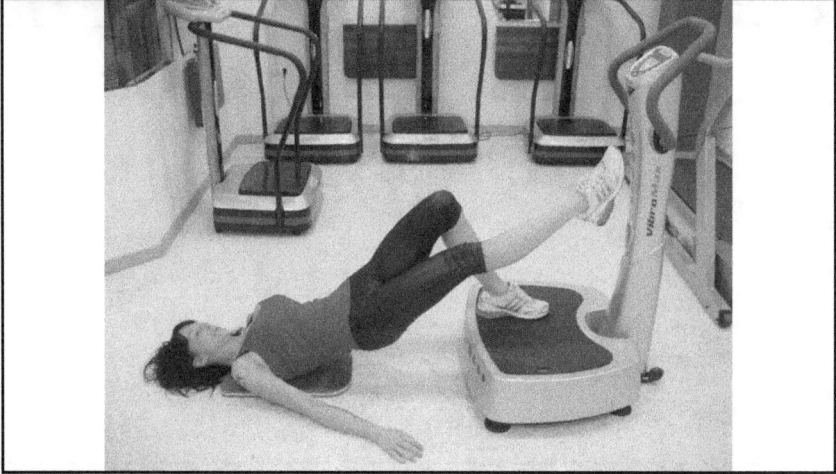

EJERCICIO Nº 34	Misma posición que los ejercicios anteriores, pero en esta ocasión estiramos la pierna y al mismo tiempo la mantenemos lo más elevada posible. Mantener posición. Intensidad baja **Objetivo:** glúteo y femoral. **Tiempo** 30 segundos.

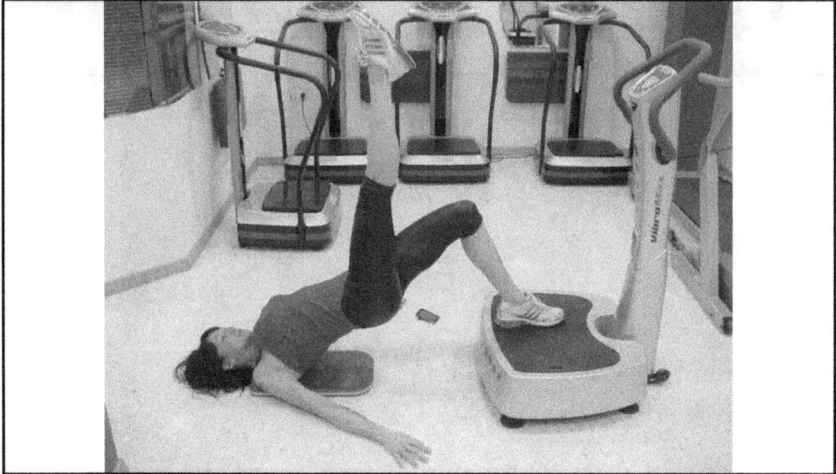

EJERCICIO N° 35	**Gesto Técnico:** Misma posición que los ejercicios anteriores, pero en está ocasión cruzamos una pierna hasta apoyar nuestro pie en la otra rodilla. Trabajar ambas piernas. Mantener posición. Intensidad baja. **Objetivo:** glúteo y femoral. **Tiempo:** 30 segundos

EJERCICIO N° 36	**Gesto Técnico:** En el suelo boca arriba pies ligeramente separados y apoyados en la plataforma con las piernas flexionadas y brazos extendidos en el suelo al lado del cuerpo, elevar la zona pélvica y alinear las piernas con el cuerpo. Subir y bajar lentamente y de manera continúa la pelvis. Intensidad baja **Objetivo:** glúteo y femoral. **Tiempo:** 60 segundos.

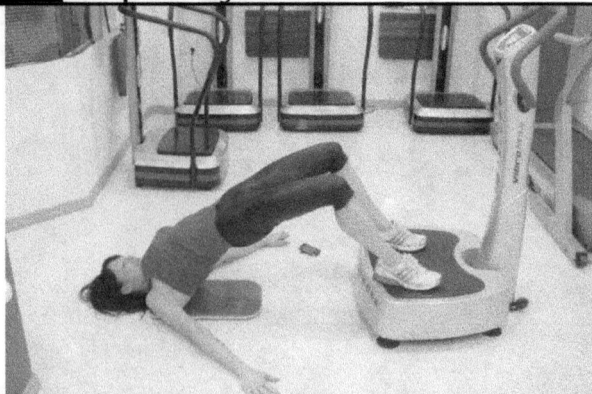

EJERCICIO Nº 37	**Gesto Técnico:** Acostada boca arriba con la espalda sobre la plataforma, elevar piernas y contraer y soltar abdominales, manos detrás de la cabeza. Intensidad baja. **Objetivo:** Desarrollar abdominales. **Tiempo:** 60 segundos.

EJERCICIO Nº 38	**Gesto Técnico:** Acostada boca abajo, puntas del pie apoyadas en el suelo, brazos flexionados apoyando los codos sobre la plataforma, contraer músculos abdominales. Intensidad media. **Objetivo:** Desarrollar abdominales. **Tiempo:** 30 segundos.

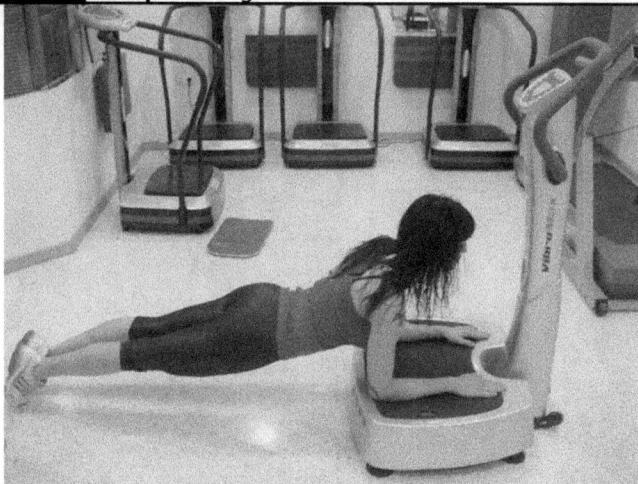

EJERCICIO N° 39	**Gesto Técnico:** De pie sobre la plataforma, piernas ligeramente separadas y flexionadas, culo hacia atrás y manos descansando sobre el manillar, realizar contracciones del músculo abdominal. Intensidad baja. **Objetivo:** Desarrollar abdominales. **Tiempo:** 60 segundos.

EJERCICIO N° 40	**Gesto Técnico:** Posición lateral con el brazo flexionado y apoyado en la plataforma, el cuerpo tensado y pies apoyados en el suelo, la mano que no se apoya alineada al cuerpo. Intensidad baja. Trabajar ambos lados. **Objetivo:** Abdominales y dorsales. **Tiempo:** 30 segundos.

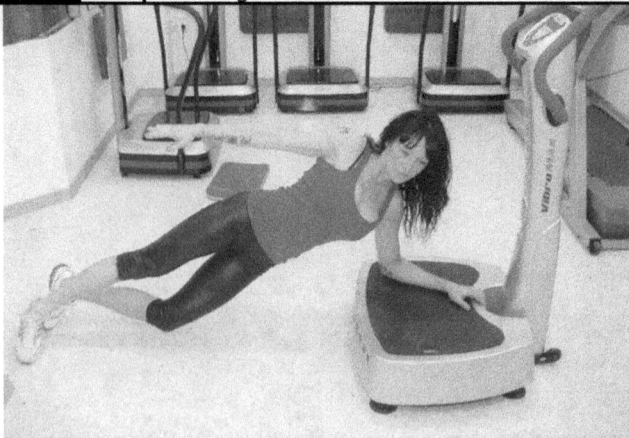

EJERCICIO N° 41	Sentados en la plataforma, elevamos tronco y piernas, mantenemos la posición. Intensidad baja. **Objetivo:** Abdominales y músculos estabilizadores. **Tiempo:** 60 segundos.

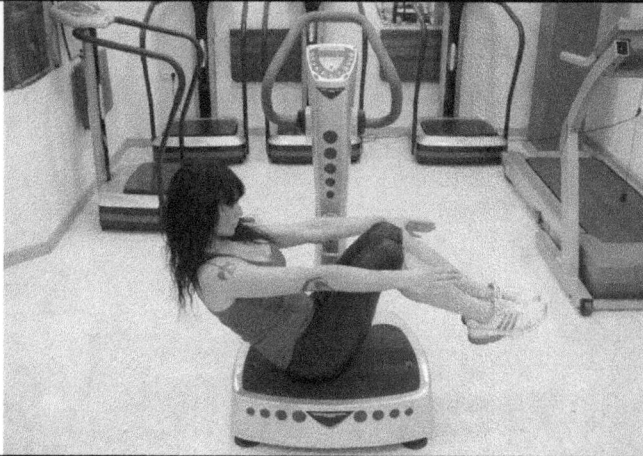

EJERCICIO N° 42	**Gesto Técnico:** Nos ponemos en la plataforma acostados boca arriba, elevamos tronco y piernas al mismo tiempo para luego volver a la posición inicial. Realizar movimientos lentos y continuados. Intensidad baja. **Objetivo:** Abdominales y músculos estabilizadores. **Tiempo:** 30 segundos.

EJERCICIO Nº 43	**Gesto Técnico:** Acostados sobre la plataforma con el cuerpo completamente extendido, flexionamos una pierna e intentamos tocarla con el codo contrario, alternar una pierna y otra. Intensidad baja. **Objetivo:** Abdominales y músculos estabilizadores. **Tiempo:** 60 segundos.

EJERCICIO Nº 44	**Gesto Técnico:** Acostados sobre la plataforma, con el cuerpo completamente recto, elevamos las piernas y hacemos con ellas una especie de tijera. Contraer abdomen y no forzar cervicales. Intensidad baja. **Objetivo:** Abdominales y músculos estabilizadores. **Tiempo:** 30 segundos.

| EJERCICIO N° 45 | Acostados boca abajo, con los pies en la plataforma y nuestros antebrazos apoyados en el suelo, contraer abdomen, mantener el cuerpo lo más recto posible. Intensidad media.
Objetivo: Abdominales.
Tiempo: 30 segundos. |

| EJERCICIO N° 46 | **Gesto Técnico:** Apoyamos las manos sobre la plataforma en posición de flexiones, estirar una pierna y flexionar la otra hacia el pecho, alternando ambas. Intensidad baja.
Objetivo: Abdominales.
Tiempo: 30 segundos. |

EJERCICIO Nº 47	**Gesto Técnicos:** Sentarnos sobre la plataforma y apoyar las piernas en el manillar de la maquina. Debemos llevar las manos hacia nuestros pies y mantener la posición. Intensidad baja **Objetivo:** Abdominales. **Tiempo:** 30 segundos.

EJERCICIO Nº 48	**Gesto Técnico:** Misma posición que el ejercicio anterior, con las manos cruzadas delante del pecho, subir y bajar el tronco lentamente y de manera continúa. Intensidad baja. **Objetivo:** Abdominales. **Tiempo:** 30 segundos.

EJERCICIO Nº 49	**Gesto Técnico:** De rodillas frente a la plataforma, apoyar antebrazo y rodilla contraria, estirar brazo y pierna, alinear cuerpo. Intensidad baja. Trabajar ambos lados. **Objetivo:** Abdominales y músculos estabilizadores. **Tiempo:** 30 segundos.

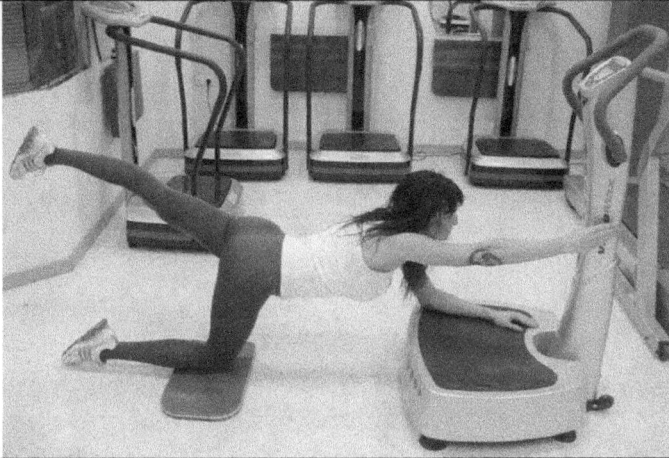

EJERCICIO Nº 50	**Gesto Técnico:** Igual que el ejercicio anterior, pero en está ocasión aumentamos la dificultad al no apoyar la rodilla, subimos un brazo y pierna contraria. Intensidad baja. Trabajar ambos lados. **Objetivo:** Abdominales y músculos estabilizadores. **Tiempo:** 30 segundos.

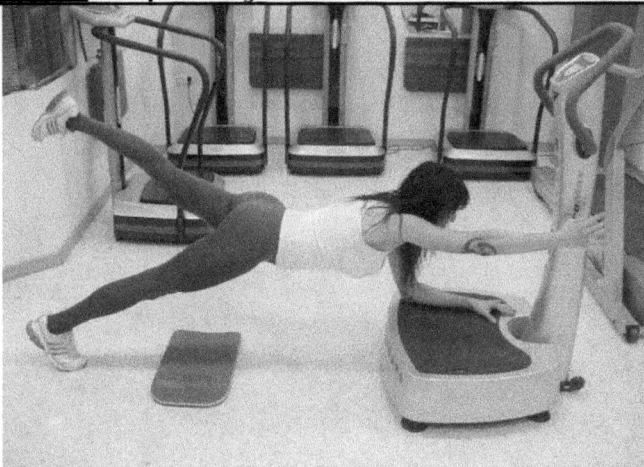

EJERCICIO N° 51	**Gesto Técnico:** Sentada de espaldas a la plataforma, elevamos piernas manteniendo el equilibrio y hacemos torsiones de tronco a ambos lados. Intensidad baja. **Objetivo:** Músculos oblicuos y músculos estabilizadores. **Tiempo:** 30 segundos.

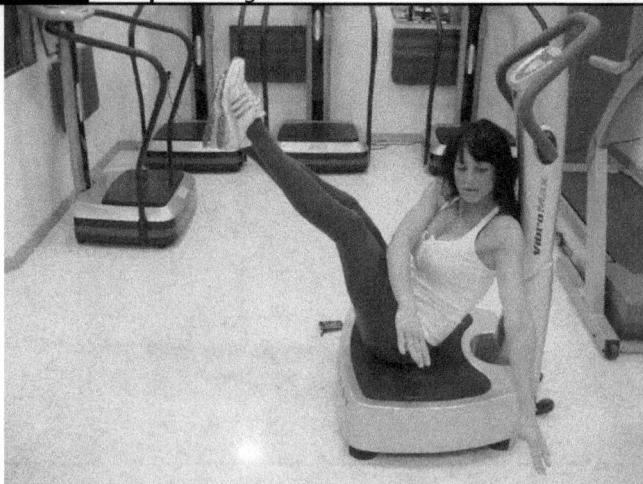

EJERCICIO N° 52	**Gesto Técnico:** De rodillas frente a la plataforma, contraer abdomen como si quisieras tocar con el ombligo la espalda y mantenemos la posición. Intensidad media. **Objetivo:** Desarrollar abdomen. **Tiempo:** 60 segundos.

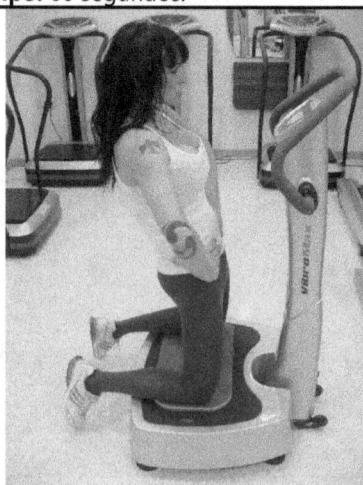

EJERCICIO N° 53	**Gesto Técnico:** Colocamos un pie sobre la plataforma con la rodilla semi flexionada, subimos brazos a la altura de los hombros y elevamos la otra pierna, manteniendo así el equilibrio. Hacer el ejercicio con ambas piernas. Intensidad baja **Objetivo:** El mantener el equilibrio nos obliga a tensar el cuerpo y trabajar los músculos estabilizadores. **Tiempo:** 30 segundos.

EJERCICIO N° 54	**Gesto Técnico:** De pie, frente a la plataforma, flexionar una pierna y la otra doblarla hasta apoyarla en el muslo, flexionar la pierna y mantener. Intensidad media/alta. Trabajar ambas piernas. **Objetivo:** Glúteo y cuádriceps. **Tiempo:** 30 segundos

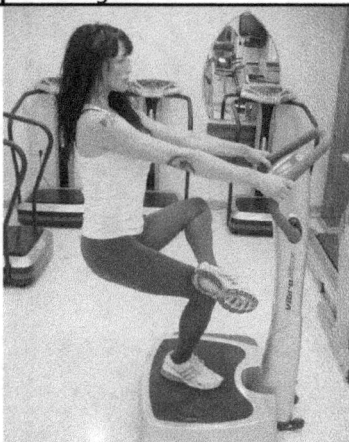

EJERCICIO N° 55	**Gesto Técnico:** La misma posición que en el ejercicio anterior, pero estirando y doblando la pierna de apoyo muy lentamente y sin estirarla del todo para evitar la híper extensión. Intensidad baja. Trabajar ambas piernas. **Objetivo:** Glúteo y cuádriceps **Tiempo:** 30 segundos

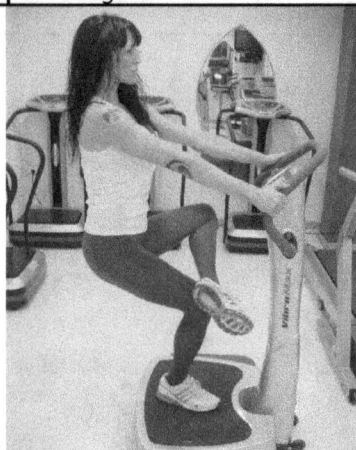

EJERCICIO N° 56	**Gesto Técnico:** De pie frente a la plataforma, elevar la pierna aun lado y los brazos al frente pasando la altura de la cabeza. Intensidad baja. Trabajar ambas piernas. **Objetivo:** El mantener el equilibrio nos obliga a tensar el cuerpo y trabajar los músculos estabilizadores. **Tiempo:** 30 segundos

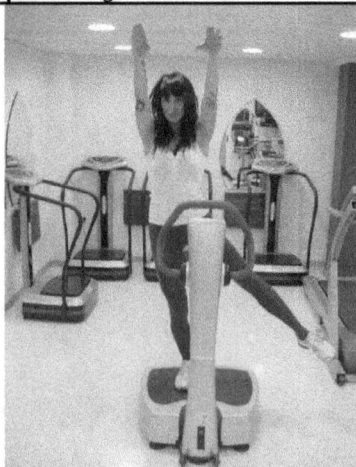

EJERCICIO Nº 57	**Gesto Técnico:** De pie, frente a la plataforma con las piernas semi flexionadas, espalda recta y abdomen contraído, elevar brazos lateralmente de forma lenta y continuada. Intensidad baja. **Objetivo:** Desarrollar hombros. **Tiempo:** 60 segundos.

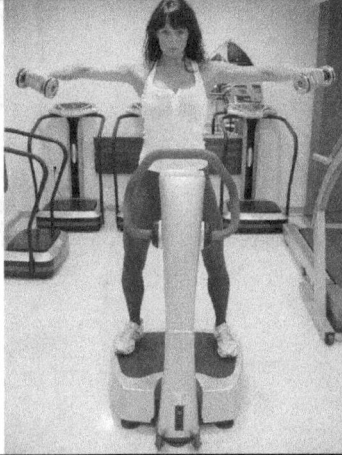

EJERCICIO Nº 58	**Gesto Técnico:** De pie, frente a la plataforma, con las piernas semi flexionadas, espalda recta, abdomen contraído, elevar un brazo lateralmente de forma lenta y continuada. Intensidad baja. Trabajar ambos brazos. **Objetivo:** Desarrollar hombros. **Tiempo:** 30 segundos.

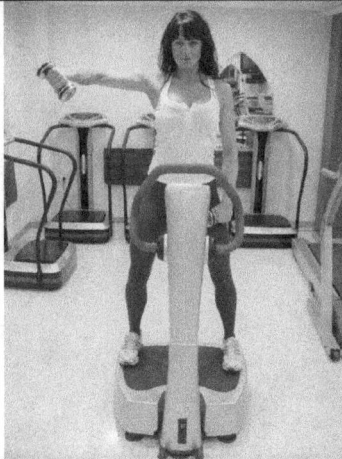

EJERCICIO Nº 59	**Gesto Técnico:** De espaldas a la plataforma, piernas semi flexionadas, abdomen contraído, elevar ambos brazos al frente de forma lenta y continuada. Intensidad baja. **Objetivo:** Desarrollar hombros. **Tiempo:** 60 segundos.

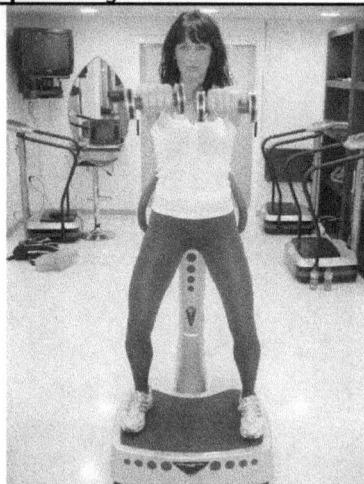

EJERCICIO Nº 60	**Gesto Técnico:** Misma posición que el ejercicio anterior, pero en está ocasión, levantamos los brazos al frente alternando y de forma lenta y continuada. Intensidad baja **Objetivo:** Desarrollar hombros. **Tiempo:** 30 segundos.

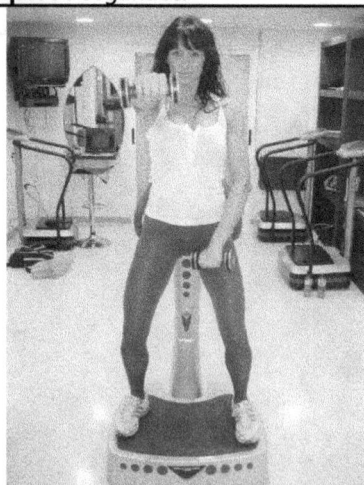

EJERCICIO N° 61	**Gesto Técnico:** De pie en la plataforma, piernas semi flexionadas, espalda recta, abdomen contraído, ponemos las pesas encima de nuestros hombros y las elevamos por encima de nuestra cabeza, subirlas y bajarlas lentamente. Intensidad baja **Objetivo:** Desarrollar hombros. **Tiempo:** 60 segundos.

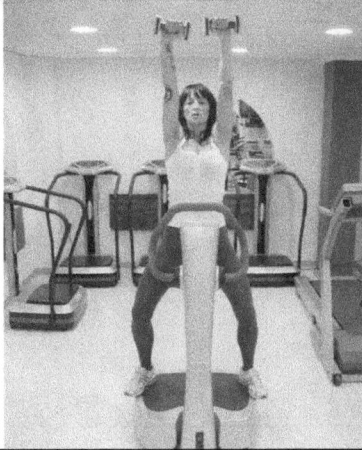

EJERCICIO N° 62	**Gesto Técnico:** Igual que el ejercicio anterior, pero elevando primero un brazo y luego el otro. Intensidad baja. **Objetivo:** Desarrollar hombros. **Tiempo:** 60 segundos,

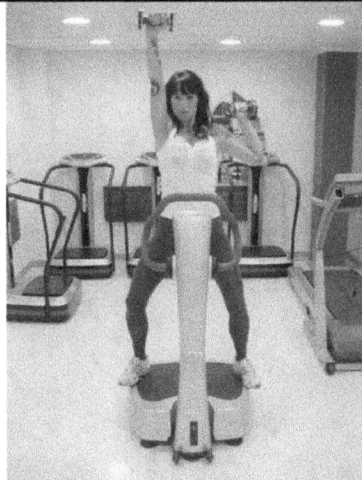

EJERCICIO N° 63	**Gesto Técnico:** De pie en la plataforma, piernas semi flexionadas, espalda recta, abdomen contraído, los brazos estirados al lado de nuestro cuerpo con las pesas y elevar hombros. Intensidad baja. **Objetivo:** Desarrollar hombros y trapecios. **Tiempo:** 30 segundos.

EJERCICIO N° 64	**Gesto Técnico:** De pie, sobre la plataforma, subir brazo a la altura de la cabeza y flexionar codo, la otra mano sujeta el brazo de la pesa para aislar el movimiento, subir y bajar pesa lentamente sin separar el brazo de nuestra cabeza. Trabajar ambos brazos. Intensidad baja. **Objetivo:** Desarrollar tríceps. **Tiempo:** 30 segundos.

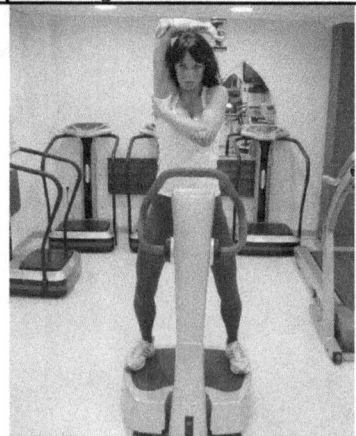

EJERCICIO N° 65	**Gesto Técnico:** Nos ponemos de lado a la maquina, levantamos la pesa al lado de nuestro cuerpo, estiramos el brazo y lo recogemos de forma continua. Intensidad baja. Trabajar ambos brazos. **Objetivo:** Desarrollar tríceps. **Tiempo:** 30 segundos.

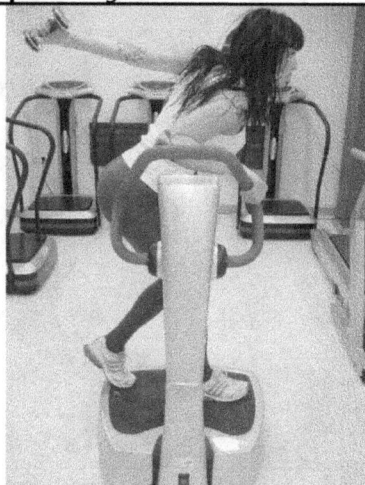

EJERCICIO N° 66	**Gesto Técnico:** Igual que el ejercicio anterior pero con ambos brazos. Intensidad baja **Objetivo:** Desarrollar tríceps. **Tiempo:** 60 segundos.

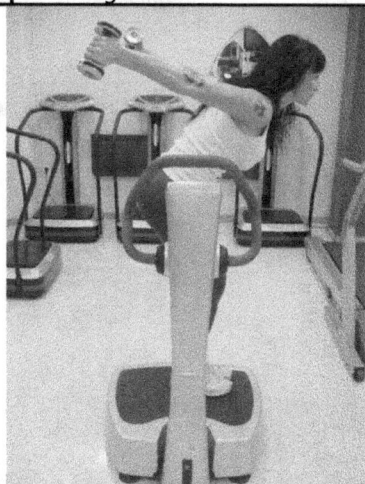

EJERCICIO N° 67	**Gesto Técnico:** Acostados sobre la plataforma, extendemos el brazo con la mancuerna, el otro sujeta para aislar el movimiento, flexionamos el brazo de la mancuerna y lo estiramos lentamente y de manera continua. Trabajar ambos brazos. Intensidad baja. **Objetivo:** Desarrollar tríceps. **Tiempo:** 30 segundos.

EJERCICIO N° 68	**Gesto Técnico:** Acostados sobre la plataforma, recogemos las piernas hacia el pecho, cogemos con ambas manos la mancuerna y la bajamos hasta detrás de nuestra cabeza y la subimos hasta la altura de nuestro pecho de forma lenta y continuada. Intensidad baja. **Objetivo:** Desarrollar tríceps. **Tiempo:** 60 segundos.

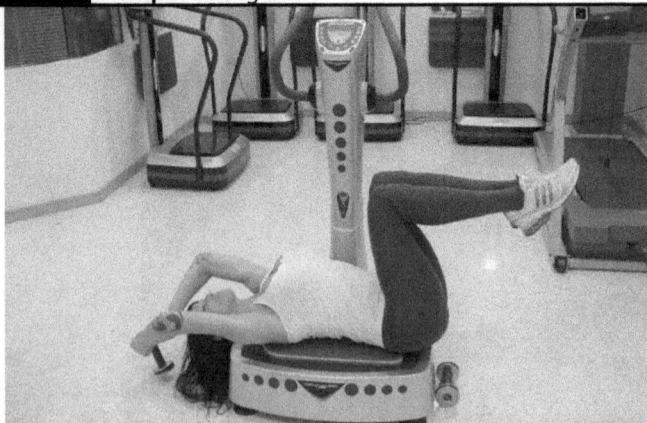

EJERCICIO Nº 69	**Gesto Técnico:** De pie, sobre la plataforma, brazos a la altura de los hombros flexionados, al girar el cuerpo estiramos brazos y volvemos a la posición inicial y giramos hacia el otro lado. Intensidad baja. **Objetivo:** Desarrollar hombros y oblicuos **Tiempo:** 60 segundos.

EJERCICIO Nº 70	**Gesto Técnico:** De pie sobre la plataforma, brazos estirados a ambos lados del cuerpo, inclinar el cuerpo a un lado y a otro. Intensidad baja **Objetivo:** Oblicuos- **Tiempo:** 60 segundos.

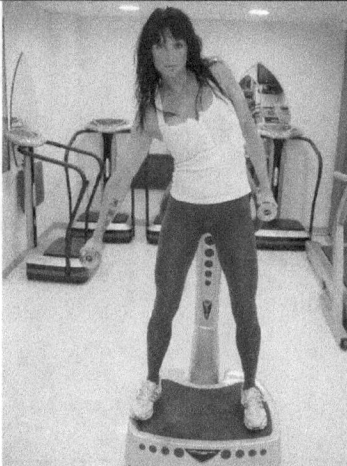

EJERCICIO Nº 71	**Gesto Técnico:** De pie, sobre la plataforma, manos a la altura del pecho, giramos el cuerpo y extendemos el brazo como si lanzásemos un puñetazo, alternar a un lado y a otro. Intensidad baja. **Objetivo:** Hombros y oblicuos. **Tiempo:** 60 segundos.

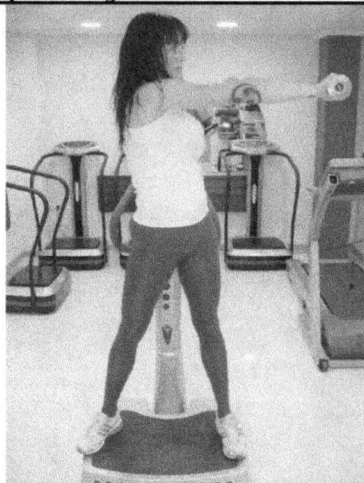

EJERCICIO Nº 72	**Gesto Técnico:** De pie, sobre la plataforma, manos a la altura de las caderas y flexionamos los brazos de manera lenta y continuada hacia el pecho elevando las pesas. Intensidad baja. **Objetivo:** Desarrollar bíceps. **Tiempo:** 60 segundos.

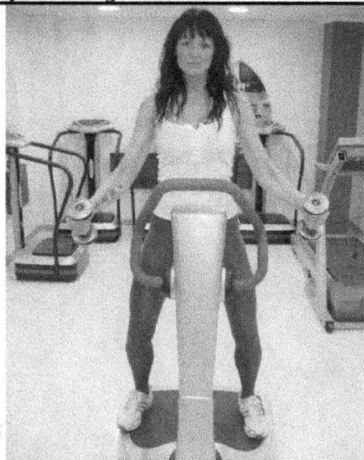

EJERCICIO N° 73	**Gesto Técnico:** Misma posición que el ejercicio anterior, pero alternando los brazos. Intensidad baja. **Objetivo:** Desarrollar bíceps. **Tiempo:** 60 segundos,

EJERCICIO N° 74	**Gesto Técnico:** Apoyamos un pie en la plataforma, colocamos el codo del brazo que sujeta la pesa en nuestro muslo y estiramos y flexionamos el brazo lentamente. Intensidad baja. Trabajar ambos brazos. **Objetivo:** Desarrollar bíceps. **Tiempo:** 30 segundos.

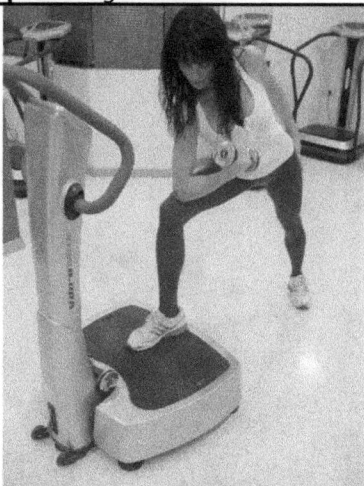

EJERCICIO N° 75	**Gesto Técnico:** Con un pie sobre la plataforma, estiramos el brazo a lo largo de nuestro cuerpo y lo subimos hasta nuestro pecho, subir y bajar el brazo lentamente y de manera continua. Trabajar ambos brazos. Intensidad baja. **Objetivo:** Desarrollar dorsal. **Tiempo:** 30 segundos,

EJERCICIO N° 76	**Gesto Técnico:** Con los pies sobre la plataforma, piernas semi flexionadas y espalda recta, los brazos estirados al lado de nuestro cuerpo, elevamos los dos brazos a la vez hasta nuestro pecho de forma lenta y continuada. Intensidad baja. **Objetivo:** Desarrollar dorsal. **Tiempo:** 60 segundos.

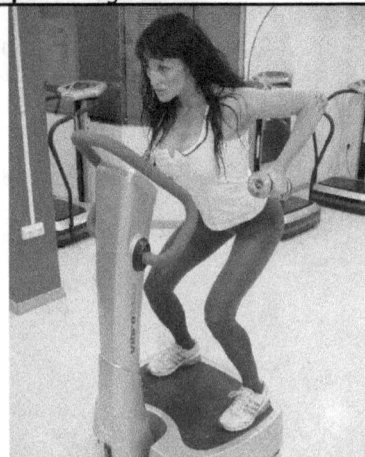

EJERCICIO N° 77	**Gesto Técnico:** Espalda recta, empujar caderas hacia delante para obtener el estiramiento deseado. Trabajar ambas piernas. Intensidad baja. **Objetivo:** Estirar el cuádriceps **Tiempo:** 30 segundos.

EJERCICIO N° 78	**Gesto Técnico:** Al lado de la plataforma, con un pie sobre ella y la pierna del suelo flexionada, llevar el peso del cuerpo hacia la pierna que tenemos en el suelo muy lentamente hasta conseguir el estiramiento deseado. Intensidad baja. **Objetivo:** Estiramiento abductor. **Tiempo:** 30 segundos.

EJERCICIO N° 79	**Gesto Técnico:** De pie. Espalda recta, rodillas semiflexionadas, manos cogidas al manillar, ir llevando las caderas hacia atrás hasta conseguir el estiramiento deseado. Intensidad baja. **Objetivo:** Estiramiento femoral **Tiempo:** 30 segundos.

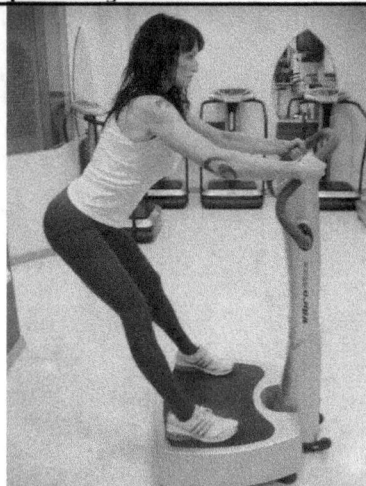

EJERCICIO N° 80	**Gesto Técnico:** De pie, sobre la plataforma, pies paralelos inclinar cuerpo hacia delante hasta notar el estiramiento deseado. Intensidad baja. **Objetivo:** Estiramientos de gemelos **Tiempo:** 30 segundos.

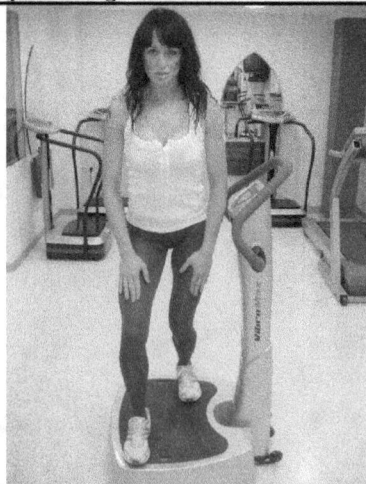

EJERCICIO Nº 81	**Gesto Técnico:** Sentada de espaldas a la plataforma, apoyamos manos a ambos lados y tiramos el pecho hacia delante hasta que encontremos el estiramiento deseado. **Intensidad baja.** **Objetivo:** Estiramiento pectoral. **Tiempo:** 30 segundos

EJERCICIO Nº 82	**Gesto Técnico:** Tumbada boca arriba con los gemelos descansando sobre la plataforma. Intensidad baja/alta. Intentar mantener el cuerpo lo más relajado posible. **Objetivo:** Masaje gemelos **Tiempo:** 60 segundos.

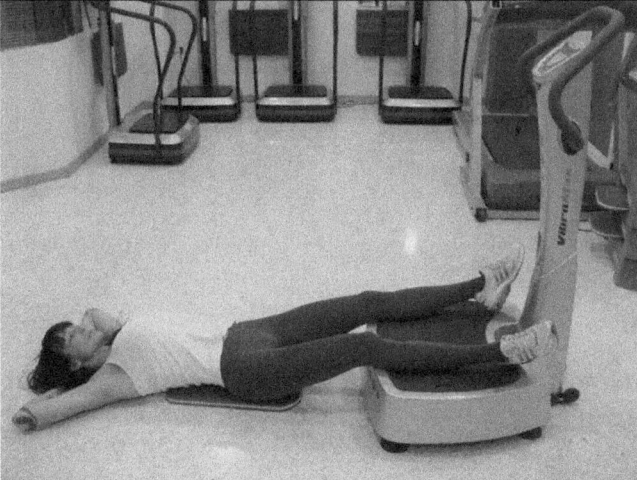

EJERCICIO Nº 83	**Gesto Técnico:** Sentada lateralmente sobre la plataforma con las piernas dobladas. Intensidad baja/alta. Trabajar ambas lados. Intentar mantener el cuerpo lo más relajado posible. **Objetivo:** Masaje abductor. **Tiempo:** 30 segundos.

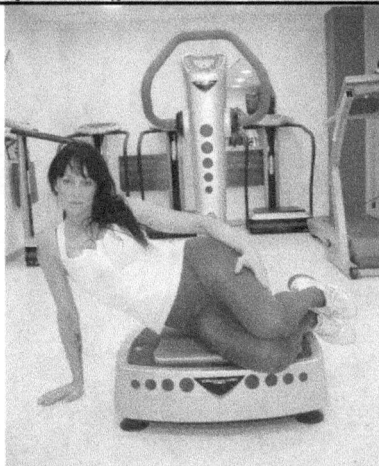

EJERCICIO Nº 84	**Gesto Técnico:** Nos acostamos en posición lateral frente a la plataforma y subimos una pierna. Intensidad baja/alta. Trabajar ambas piernas. Intentar mantener el cuerpo lo más relajado posible. **Objetivo:** Masaje abductor una pierna. **Tiempo:** 30 segundos.

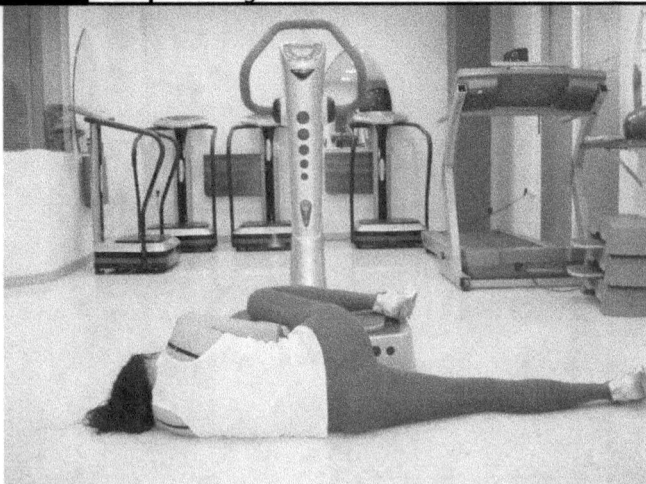

EJERCICIO N° 85	**Gesto Técnico:** Nos sentamos de espaldas a la plataforma y apoyamos codos y parte de los antebrazos. Intensidad baja/alta. Intentar mantener el cuerpo lo más relajado posible. **Objetivo:** Masaje zona lumbar. **Tiempo:** 30 segundos.

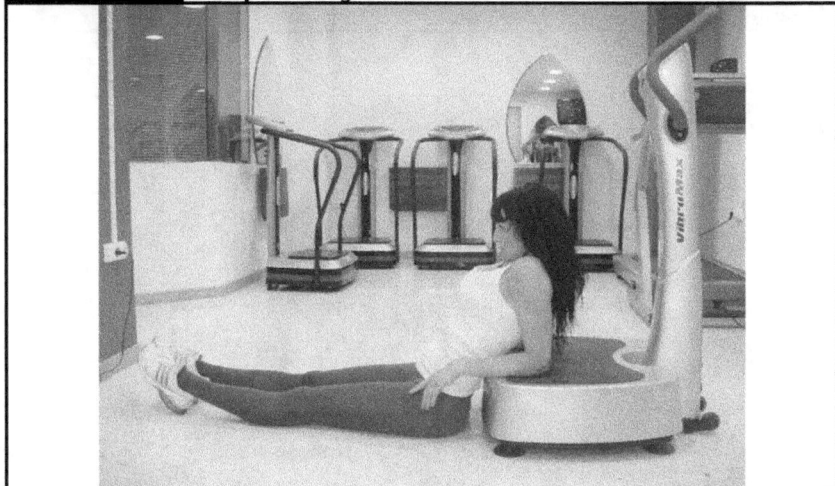

EJERCICIO N° 86	**Gesto Técnico:** De rodillas frente a la máquina, extender los brazos apoyando las manos en la plataforma. Intensidad baja/alta. Intentar mantener el cuerpo lo más relajado posible. **Objetivo:** Masaje hombros y cuello. **Tiempo:** 60 segundos.

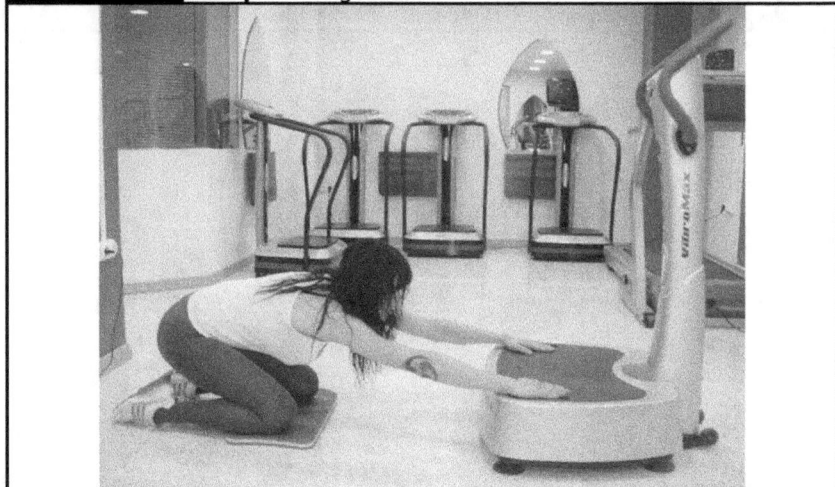

EJERCICIO N° 87	**Gesto Técnico:** Nos acostamos en posición lateral frente a la plataforma y subimos un brazo. Intensidad baja/alta. Trabajar ambas brazos. Intentar mantener el cuerpo lo más relajado posible. **Objetivo:** Masaje superior brazos. **Tiempo:** 30 segundos.

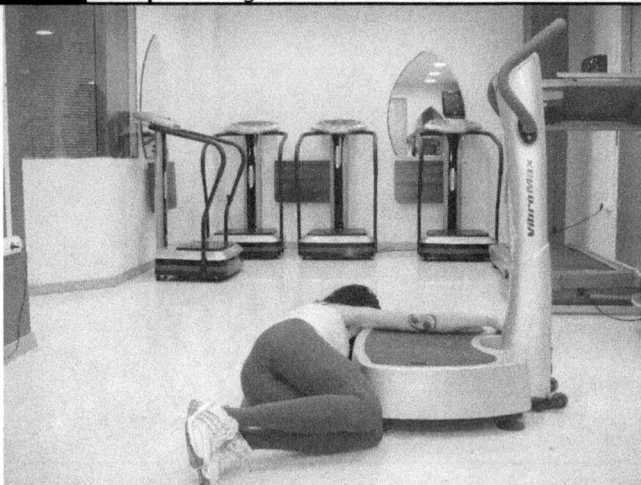

EJERCICIO N° 88	**Gesto Técnico:** Acostarnos boca abajo y apoyar muslos en la plataforma. Intensidad baja/alta. Intentar mantener el cuerpo lo más relajado posible **Objetivo:** Masaje cuádriceps **Tiempo:** 60 segundos.

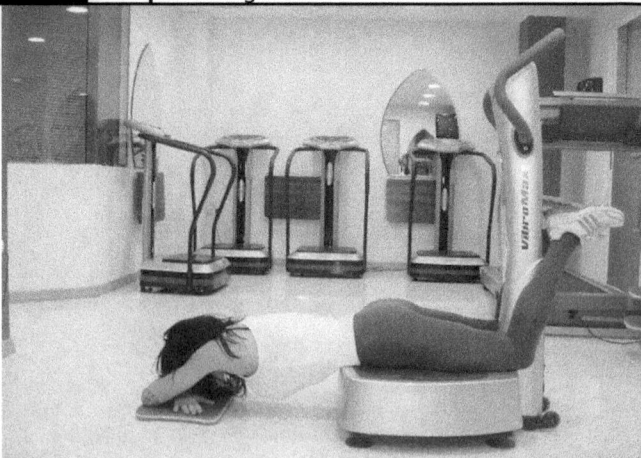

EJERCICIO Nº 89	**Gesto Técnico:** Nos sentamos sobre la plataforma y estiramos espalda contrayendo abdomen. Intensidad baja/alta. Intentar mantener el cuerpo lo más relajado posible **Objetivo:** Masaje espalda **Tiempo:** 60 segundos.

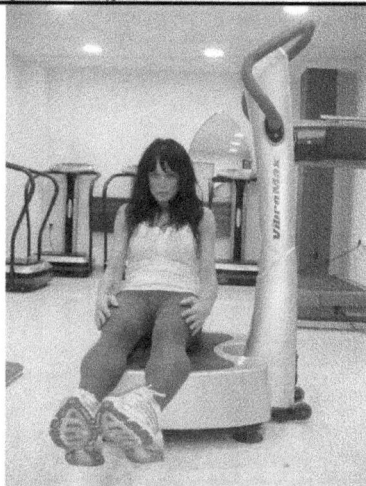

EJERCICIO Nº 90	**Gesto Técnico:** Nos arrodillamos al lado de la máquina y extendemos el brazo hasta apoyar una mano en la plataforma. Intensidad baja/alta. Trabajar ambas brazos. Intentar mantener el cuerpo lo más relajado posible. **Objetivo:** Masaje antebrazos. **Tiempo:** 30 segundos.

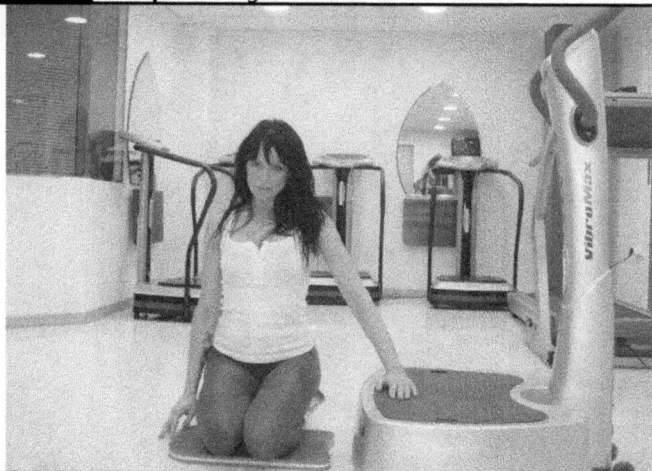

EJERCICIO Nº 91	**Gesto Técnico:** Nos arrodillamos al lado de la máquina y extendemos el brazo hasta apoyar una mano en la plataforma con el cuerpo flexionado hacia delante. Intensidad baja/alta. Trabajar ambas brazos. Intentar mantener el cuerpo lo más relajado posible. **Objetivo:** Masaje antebrazos. **Tiempo:** 30 segundos.

EJERCICIO Nº 92	**Gesto Técnico:** Nos sentamos en el suelo, llevamos las rodillas hacia el pecho, para estirarlas lentamente, mientras que los brazos rodean os muslos y las puntas de los pies se doblan hacia delante. **Objetivo:** Estirar lumbares **Tiempo:** 10 segundos.

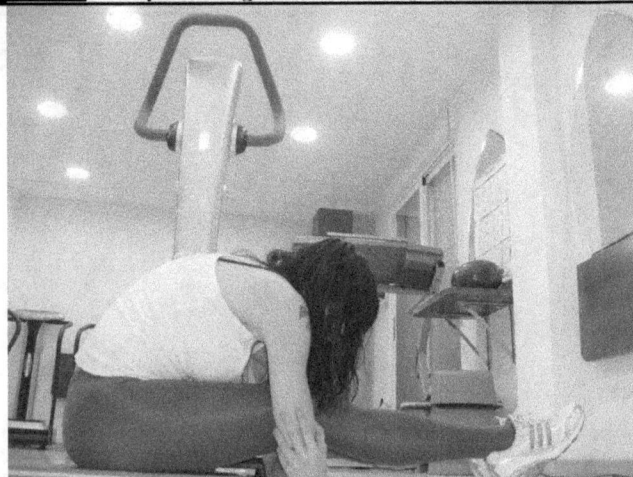

EJERCICIO N° 93	**Gesto Técnico:** Nos sentamos en el suelo y abrimos piernas, intentamos tocar pie con brazo contrario, alternar a un lado y a otro. **Objetivo:** oblicuos y dorsal. **Tiempo:** 10 segundos.

EJERCICIO N° 94	**Gesto Técnico:** Nos sentamos, estiramos las piernas juntas y bajamos lentamente el cuerpo. **Objetivo:** Estirar femorales. **Tiempo:** 10 segundos.

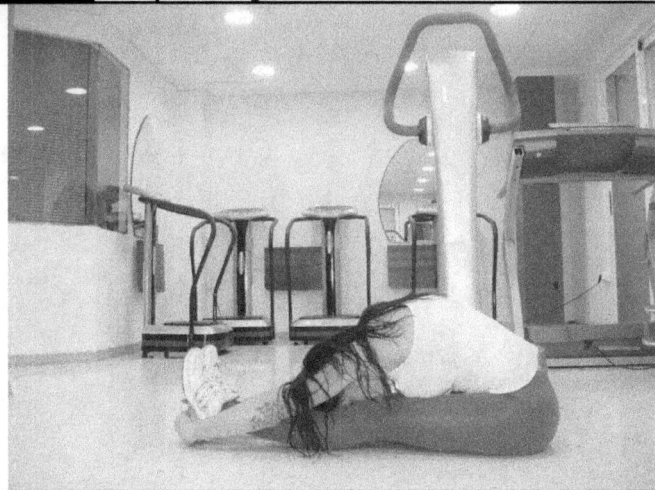

EJERCICIO N° 95	**Gesto Técnico:** Nos sentamos, flexionamos una pierna y la pasamos sobre la otra, con el brazo contrario provocamos la torsión del tronco. Trabajar ambas piernas. **Objetivo:** Estirar glúteos. **Tiempo:** 10 segundos.

EJERCICIO N° 96	**Gesto Técnico:** Nos acostamos boca arriba e intentamos estirar al máximo brazos y piernas. **Objetivo:** Estirar abdomen. **Tiempo:** 10 segundos.

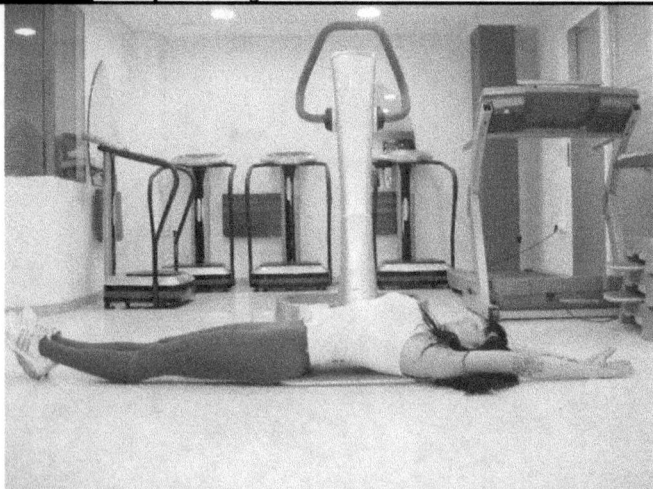

EJERCICIO Nº 97	**Gesto Técnico:** Nos acostamos boca arriba y nos llevamos una pierna hacia el pecho. Trabajar ambas piernas. **Objetivo:** Estirar abductores. **Tiempo:** 10 segundos.

EJERCICIO Nº 98	**Gesto Técnico:** Nos acostamos boca arriba y nos llevamos una pierna completamente estirada hacia el pecho. Trabajar ambas piernas. **Objetivo:** Estirar abductores. **Tiempo:** 10 segundos

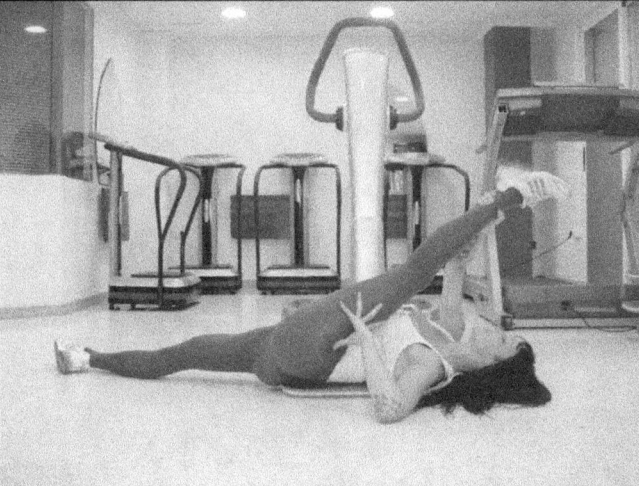

EJERCICIO N° 99	**Gesto Técnico:** De pie, al lado de la plataforma con la mano apoyada en el manillar y los dedos mirando hacia el suelo, ir estirando poco a poco el brazo. Trabajar ambos brazos. **Objetivo:** Estirar bíceps. **Tiempo:** 10 segundos.

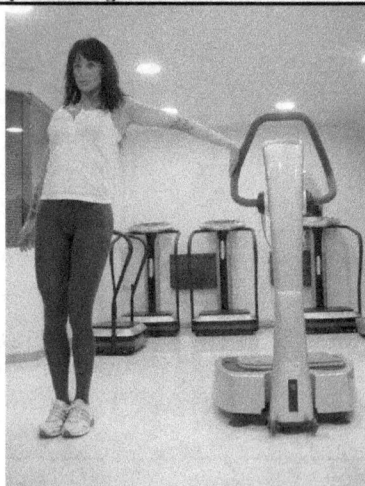

EJERCICIO N° 100	**Gesto Técnico:** De pie, al lado de la plataforma, nos cogemos una mano y la flexionamos hacia dentro. Trabajar ambos brazos. **Objetivo:** Estirar antebrazos. **Tiempo:** 10 segundos.

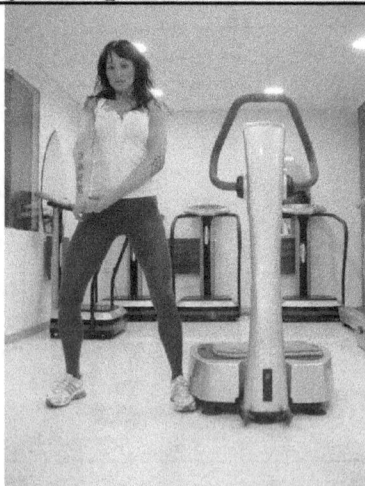

EJERCICIO N° 101	**Gesto Técnico:** De pie, al lado de la plataforma con la mano apoyada en el manillar, ir estirando poco a poco el pecho. Trabajar ambos brazos. **Objetivo:** Estirar pectorales. **Tiempo:** 10 segundos.